줄 타는 사람

| 이춘자 시집 |

줄 타는 사람

발행일 | 2024년 11월 20일

지은이 | 이춘자
펴낸이 | 최장락
펴낸곳 | 도서출판 두손컴
주　　소 | 부산광역시 부산진구 부전로 35, 301호(부전동, 삼성빌딩)
전　　화 | (051)805-8002 팩스 : (051)805-8045
이메일 | doosoncomm@daum.net
출판등록 제329-1997-13호

ⓒ이춘자 2024
값 12,000원

ISBN 979-11-91263-89-3 03810

*저자와 협의에 의해 인지를 생략합니다.
*잘못 만들어진 책은 바꾸어 드립니다.

본 도서는 2024년 부산광역시, 부산문화재단 〈부산문화예술지원사업〉으로 지원을 받았습니다.

줄 타는 사람

이춘자 시집

도서출판 두손경

| 시인의 말 |

구름과 바다는 한 몸이 되고
태양은 서서히 물 위를 걷는다

물 위를 걸어도 젖지 않는 태양을 보며
고향이 생각났다

2024 늦가을 해운대에서

茶如 李 春 子

● 차례

시인의 말 · 5

1부

줄 타는 사람 —— 13
산은 울었다 —— 14
스며들다 —— 15
내시경·2 —— 16
제주도 검은 해변 —— 17
미끼 —— 18
가을·2 —— 19
어느 흐린 날 —— 20
폭포 —— 21
벽 —— 22
이바구 길 —— 23
공작의 짝사랑 —— 24
호수 —— 25
일장춘몽 —— 26
청사포·1 —— 27
청사포·2 —— 28
버스킹 —— 29
노도에서 —— 30
미포 —— 31
손금 —— 32

2부

色 —— 35
봄에 부는 바람 —— 36
경칩 즈음 —— 37
나무의 메시지 —— 38
행운목 —— 39
매화 —— 40
소나무 —— 41
목련 —— 42
동백·1 —— 43
동백·2 —— 44
꽃잎, 지다 —— 45
바람꽃 —— 46
감자 —— 47
단풍잎 —— 48
낙엽 —— 49
낙엽·2 —— 50
저승꽃·2 —— 51
능소화·2 —— 52
백로 아침에 —— 53
어떤 모정 —— 54
가을 —— 55
빈 집 —— 56

3부

월정사 —— 59
실상사 기와탑 —— 60
망운사에서 —— 61
반야사의 봄 —— 62
소신공양 —— 63
대원사 지장보살 —— 64
왕목탁 —— 66
폐사지 —— 67
삼릉 —— 68
앙코르 와트 —— 69
모하비 사막·1 —— 70
빗속의 시화전 —— 71
낚시터 —— 72
아침 바다 —— 73
헛소문 —— 74
소리 —— 75
살다보니 —— 76
봄바람·2 —— 77
주산지의 저녁 —— 78
일몰 —— 79
바다를 품고 가다 —— 80

4부

거미집 —— 83
이슬 —— 84
섬이 되고 싶다 —— 85
전화번호 —— 86
거울 —— 87
재개발 —— 88
밤의 해변에서 —— 89
우물 —— 90
지진 —— 91
소록도 —— 92
유행 —— 93
소나기 —— 94
또 한 해 —— 95
전기선 또는 그날 그날 —— 96
달을 보다 —— 97
장날 —— 98
반달을 보면서 —— 100
독일 병정 —— 102
기차는 가네 —— 103

1부

줄 타는 사람

남자는 줄 위에 삶을 실었다
줄이 세상을 살아가는 버팀목이다
바람 앞에서는 삶의 무게를
바람보다 가볍게 줄인다
줄은 바람의 말을 전하는 통로다
줄보다 가벼워야 바람 앞에서 자유롭다
바람을 잡고 바람과 타협하고
재주 부리듯 유리창을 닦고 있다
어름사니처럼 아슬아슬 매달려
살아가는 하루하루

추락하면 더 멀어지는 生

우리 삶도
줄을 타고 한발 한발 내 딛는
줄 타는 人生이다
어느 줄을 잡고
어디에 줄을 서야
生이 가벼워질까

내려다 보는 그의 눈에는
땅 위에도 줄 타는 사람들이 있다

산은 울었다

그 전날부터 산은 그렇게 울었다
나뭇잎 흔들리고
짐승 같은 울음소리를
알아채지 못했던 순간
나무는 뿌리를 드러내고
큰 바위 정신없이 굴러내려

결국

산은 속을 뒤집고야 말았다

산이 무너지고 나서야 사람들
비로소 산의 마음을 보았다

요양 중이던 김씨가
숨을 거두는 날이었다

스며들다

권태는 또 다른 권태를 부른다
역병과 함께하는 요란한 매미 울음소리는
한낮의 무료함을 더 한다

열무김치나 담가야 겠다
푸른 잎 사이사이 詩를 새기고 싶다
붉은 고추 갈고 배 마늘 생강 골고루 다져 넣고
김치를 버무린다

잔털 송송한 풋잎을 야들야들 주무르고 나니
푸른 기운 몸 안에 스며 든다
김치 맛이 있건 없건 상관없다
그냥 푸른 잎 만지고 싶은 날이다

내시경·2

누렇게 잘 익은 호박을 잘라본다
안에서 반란이 났다
씨앗에서 싹이 텄다
쌍떡잎 피면서
밖으로 나갈 몸부림이다

위 내시경을 한다
차가운 카메라가 매의 눈으로 살핀다
나도 모르는 시간 속에
모든 검사는 끝났다
표정 없는 의사의 "별일 없습니다"
그런데도 속은 여전히 불편하다

바깥도 늙고 몸 속도 늙는다
몸 안의 기운 어느새 빠져 나오고
정원에는 푸른 나무 한그루 자란다

제주도 검은 해변

세차게 불어오는 바람에 떠밀린 파도
흰 갈퀴 날리며 하늘 높이 솟아 오른다
그러나 그 뿐
방파제까지 닿지 못한다
끝없이 깔려 있는 검은 돌들에
그만 기운을 죽인다
방파제마저 구멍 숭숭한
검은 돌로 쌓은 얕은 성城 같다
하늘과 바다 경계도 희미하다

속에 있는 말 다 삭히지 못하고
끝없이 왔다가는 파도에 부딪쳐
푸르게 멍든 검은 해변
억만년 전부터 검푸르게 자리 잡고
이 땅의 모든 전설을 알고 있을 것이다
도로가에 4·3이란 숫자가
휘장되어 펄럭인다

미끼

죽을 줄 모르고
꼬물거리는 미끼를 덥석 문 물고기

고 입이 문제다

술의 유혹을 물리치지 못하고
입술을 갖다 댄 당신

고 입이 문제다

마음속 깊이 묻어야 할 가슴 시린 얘기를
참지 못하고 뱉어버린 당신

고 입이 문제다

인간사 모든 화근은 고 입이 칼날이다

만인의 심금을 어루만지고 쓰다듬어야 할
입에서 거짓말만 나온다면
당신은 이미 인생을 포기한 것이다

가을·2

바람에 모든 것이 까슬하다
덩달아 하늘도 가벼워
점점 푸르게 말라가고
억새도 하얗게 물기를 말린다

낙엽은 時를 가지고 떨어지고
잎이 꽃이 되는 계절
스스로 길을 내던 새들도
그 길에서 야위어 간다

텅 비어 가슴시린 가을 들판
여백의 순간들 모여
발효하는 소리 들린다

풍경 속에 내 존재가 거슬리지 않으면
나도 가을이 되는 것이다

어느 흐린 날

산그늘 내려오고
풀잎들 제 자리로 돌아가는 저녁나절
물소리 하얗게 몸을 바투고
하늘에는 구름이 시위하듯 침묵한다

추억이 지워질까 긴장한 바람이
발밑으로 맴돌고
지붕 위의 박꽃들
하얀 등을 밝힌다

폭포

나이아가라 폭포가
아파트 정원에서 물구나무를 선다

발바닥이 뜨거운 40도의 육교는
윗도리를 벗고 물보라를 맞는다
여자는 유모차를 끌고 와서
무지개를 주워 담는다

폭포 주변의 수다들 밤 사이에
아파트 옥상까지 키가 자랐다
목소리 큰 사람들 텐트를 치고
늦은 밤 까지 히히덕거린다

폭포는 도르레를 타고
키 작은 나무 늦잠이 들었다

벽

들어오는 바람의 기척에
그는 슬며시 일어나 앉는다
벽도 자리에 앉는다

그는 사방 벽 속에 갇혀 있다
돌아누워도 앉아도 모두 벽이다
벽은 말을 들어주고 모든 비밀을 감싸준다

TV는 혼자 떠들기만 할 뿐
아무도 그의 말을 들어주지 않는다
전기가 나간 TV는 깜깜한 벽이 된다

벽에 갇힌 그는 벽이 된다
나도 벽이 된다

이바구 길

멀리 깜빡이는 배들의 불빛
새들도 집으로 갔는지
소리 들리지 않는다
아쉬움을 남기며 바람도
어둠속으로 사라진다

화롯불에 알밤 묻어두고
도깨비도 왔다가는 스산한 밤
외할머니의 이야기 보따리는
창문의 노란 불빛 속에서
전설로 남는다

아랫목이 그리운 초겨울 저녁
이바구길 발밑에는 옛날이 가득하다

공작의 짝사랑

그 순간 있는 힘 다해 날개를 활짝 폈다
활짝 편 꼬리 사이사이 반짝이는 볏을 닮은
아르고스의 수 많은 눈들도 암컷을 보고 있다
암컷은 마당을 쪼며 하늘만 본다
마음이 급한 수컷은 날개를 흔들기도 하고
마당을 빙빙 돌며 애가 닳는다

그러기를 10여분
암컷이 숲속으로 숨어 버린다
화가 난 수컷 '꽥' 소리 지르더니 꼬리 내린다
아아 허무한 공작의 짝사랑
미물들도 통하지 않으면 마음 주지 않는가 보다
하물며 사람임에랴

공연히 내가 머쓱해서 자리를 피한다

호수

저 거대한 산이
호수에 빠져 있습니다
물결은 일렁이지도 않습니다

흘러 들어오는 물도
나가는 물에도
도무지 관심이 없습니다

나무도 풀도 낮달도
소리 없이 호수에 안겨있습니다
호수는 자기 깊이 만큼
마음이 넓습니다

일장춘몽
- 해운대 불빛축제

날이 저물었다
돌고래 한 쌍이 바다 한 쪽을 떼어
백사장에 펼쳐 놓았다
밤마다 얼음 궁전이 세워지고
초승달도 모래밭으로 내려온다

여자는 초승달에 걸터앉아
유리 구두를 신고 사진을 찍는다

해가 뜨면
도미는 패트병에 비늘을 주워 담아
심층수를 찾아가고
초승달도 궁전도 푸른 백사장은
어디로 갔을까

파도는 살아있는 고래가 되어
흰 거품을 물고 백사장으로 달려 나온다

청사포·1

달맞이 고개넘어
파도를 향해 내달려 닿는 곳
청사포

그 언제인가 고기잡이 나간 남편을 기다리며
골매기 할매가 심었다는 두그루 소나무
어느덧 식구들 몇 거느리고
소담스런 소나무 당산이 있는 곳

음력 1월 6월 10월에 후손들 모여
제물 받쳐 할매의 넋 달래고
마을의 안녕과 풍어를 기원하는 바닷가
청사靑沙는 전설 속인가

지금은 푸른 모래 흔적 없고
어느 먼 나라에서 내려와 앉은
까만 돌들 소금물에 씻긴다

청사포·2

용궁에서 왔다는 푸른 뱀 한 마리
수많은 시간동안
푸른 모래 푸른 파도가 되었다

파도에 치어 검게 멍든 청사靑蛇
오늘 물속에서 다릿돌 되어
하염없이 고향을 바라본다

해 저물고 인적 끊기어도
밤늦도록 잠들지 못하는
청사포

버스킹

어두워지는 바닷가
파도는 물의 함성에 따라
앰프의 스위치를 누르고
무대 위를 뛰어 다닌다

찢어진 청바지 사이로
검은 눈알들 튀어나와
힙합 속으로 들어가 불꽃이 된다
용암으로 끓어오른 바람은
줌 렌즈로 폭죽을 쏘아 올린다

뭍으로 가고 싶은 고래 한 마리
모래의 주파수를 따라
탈출을 시도 한다
어느 사이 케이스 속에
달빛지폐 피어난다

노도에서

섬에 내렸다
오래된 돌축대 모나고 둥글게
저들끼리 보듬고 쓰다듬고
세월을 보내며 가끔씩 오는 나그네가 반갑다

각각 다른 모양의 꽃들이 피어 있는 돌
오랜 세월 그 자리에서 꽃들은 돌 속에 뿌리내렸다

서포는 날마다 북쪽 하늘을 보며
님을 생각하고 어머님 걱정하였겠지
무심한 듯한 저 돌들도 서포의 벗이 되고
서포의 속 마음을 헤아렸을까

서포가 거닐었던 바닷가를
말없이 걸어본다

미포

스카이 캡슐을 타고
뱀 등에 실려 바닷가를 달린다

청사포에 닿은 꽃뱀
한 무리의 사람들 쏟아 놓는다
용궁으로 갈수 없는 푸른 뱀
다릿돌 되어 고개를 길게 뻗어 푸른 물을 본다

물 파래 그림자 일렁이는 바다 속
용궁이 그곳에 있었다

손금

맑은 물 손바닥에 받는다
평생 같이한 실금 뚜렷이 보인다
세상 밖으로 나올 때 알게 모르게
꼭 쥐고나와 평생 같이 한 길
어느 듯 길옆으로 샛길 늘어나고
딱딱한 굳은살도 박혔다

손바닥 안에 자리한 내 삶의 궤적
포도청에서는 된바람 소리 나고
오늘도 실금 가득한 손바닥은
무너진 몸 곳곳의 흔적을 쓰다듬는다

2부

色

어머니 머리 빗고 난 뒤
에미야 나 입술연지 하나 사 다오
네 다홍색 살까요
아니다 새로 사지 말고 쓰다 남은 것 아무거나 다오
왜요
나이 들어 입술이 밋밋하면 기운이 없어 보이네
약간 물만 들이면 되니 그냥 쓰던 것이면 된다

한창시절 다홍색 립스틱을 좋아하시던 어머니
그 때 어머니 나이가 된 나도 같은 말을 중얼거린다

어느 젊은 시인은 립스틱을 밀어 올리면서
루주가 발기 한다는 표현을 썼다
나이 들면 발기한 루주는 없어도
발색되는 것이면 충분하다

뭉툭한 것을 새끼손가락에 묻혀
입술에 엷게 칠해 본다
남은 것은 뺨에 슬쩍 문지른다

色이 돈다

봄에 부는 바람

겨우내 시퍼렇던 물빛이
너의 기척 들리고는
윤슬이 요란하다

고질병이 되어버린 명치끝의 아픔도
수면 속으로 가라앉고
연못 속 색색의 비단잉어 무리
웅크렸던 몸을 녹인다

흩날리는 꽃잎
놈들은 요염하게 꼬리 친다
물 위에 하얗게 떠
손발을 휘젓는다

꽃잎들
잉어들과 내통이 있는 것 같다
놈들의 머리에도 앉고
꼬리에도 붙는다

알 수 없는 일이다

경칩 즈음

저녁 무렵 동백섬 비에 젖는다
비틀거리던 섬 바다에 빠져
물비늘이 된다
동백꽃 놀라 그 자리에 주저앉는다

비는 어둠이 와도 그치지 않는다
언젠가 나를 밖으로 불러내던
천둥소리
비를 타고 번쩍인다

놀란 개구리들
산란일 다가왔다고
가쁜 숨 몰아 쉰다

한 점 바람 앞에
몸을 푸는
앵두 꽃망울 입술이 떨린다

나무의 메시지

떨어져 날리는 하얀 꽃잎이
흰 눈발 같다
겨울을 이겨낸
달콤한 냄새
잊고 있었던 첫사랑 냄새

향기는 뿌리에서부터
메시지를 가지고 나온다
꽃향기는 나무의 메시지다

행운목

저물녘이면 방안으로 스며드는 달콤한 내음
꽃이 피면 행운이 온다고 설레며 기다리는 꽃
층층 꽃송이 아랫단 이슬방울 맺히면
그리운 이의 소식 오듯
그 향기 나르네

겨울날 외출에서 돌아오신
엄마의 자주색 모본단 저고리에서 나던 냄새
찬바람에 묻어오던 코티분 향기 같은
알싸한 그리움
가슴 깊은 곳에 강물 되어 흐르네

며칠이면 지고 마는 저 꽃향기
내년에도 행운을 가지고 올 향수

매화

입춘 지나 푸르고 순한 바람결
손 끝에 모인다

별당 아씨 몸살났다
왁자한 웃음소리
뜨락에 모인 동무들 그림자
버선말로 댓돌에 내려선다
앙상한 가지 끝에 수줍게 매달린 꽃잎

앞섶을 다시 여민다

소나무

허공에 매달린
절벽 위 소나무 한그루
하늘을 날고 싶어
가지마다 비늘을 만든다

햇빛에
달빛에
별빛에
비늘이 반짝인다

모질고 험한 벼랑 끝 세상
허공속에 빛이 보인다

목련

연두빛 바람은
보송한 솜털 어루만지고 간다
나무에 핀 연꽃이다
봉오리 터지면 시샘하는 꽃샘바람
비도 한줄기 꽃을 따라 온다

다하지 못한 사랑
꽃으로 핀다

송이송이 불 밝히는 흰 목련
그도 꽃등이 되었다
등불 하나 켜들고 온다
아직 이별 할 때가 아니라고 한다

불 밝히는
바람의 말 듣는다

동백 · 1

가지 끝에 매단
수 십 개의 심장

숨비 소리 들리는 곳으로
자맥질 한다

이글거리는 불꽃 속
달무리는 붉다 못해 핏빛이다

바람 스쳐간 자리
까만 점 하나 찍는다

동백 · 2

땅에 떨어져 누운 꽃송이 핏빛이다

동박새 지나가면서 애절하게 울음 운다
동백이 떨어져
동박새로 다시 태어 나는가

어느 사이 아지랑이 아롱거린다

꽃잎, 지다

꽃눈을 띄우려고 몸피가 부르튼다

보람도 없이 시샘하는 비바람
꽃잎들 저들끼리 스치다가
흰나비 되어
창문가에 서성인다

봄밤
그들이 닿는 곳에
강물이 된 흐린 달빛
길모퉁이에 부셔져 내려앉고
또 그 위에 다시 내려 앉는다

모여 앉은 나비들
서로 어깨 보듬고
발아의 시간을 꿈꾼다

바람꽃

죄 없는 꽃들은 모가지를 비튼 채
자리를 잡지 못하고 비틀거린다
죽음에 왜 불려 왔는지 묻고 싶은
텅 빈 영안실에 남겨진 꽃들
기쁠 때도 슬플 때도 인간들 위해 일생을 바친다

혼자는 외로운 눈물겨운 억새
무리지어 세상과 부딪친다
눈 아래 동산의 화려한 종이꽃
마음대로 피어 날 수도 시들 수도 없는

메마른 종이꽃

감자

겨우내 검은 비닐봉지 속에서 독을 품고 촉을 틔운 감자의 씨눈입니다 어느 순간 사슴의 뿔이 되어 봉투를 찢고 나옵니다 푸른 독을 품고 겉으로는 아닌 척 어쩌면 저리도 새하얀 꽃대를 조용히 밀어 올릴까요 모르긴 해도 땅속에서는 실한 열매를 달기위해 핏줄을 곤두세우며 된 몸살을 앓고 있을 것입니다 사정없이 꽃 대궁을 잘라 버립니다 '흰 꽃 피는 것은 흰 감자, 자주 꽃 피는 것은 자주 감자…' 한숨 같은 어머니의 노래구절이 생각납니다 내가 엄마가 되어보지 않고는 잘려 시들어진 꽃대궁의 의미를 모릅니다

단풍잎

저 단풍잎

눈이 시리게 새빨갛다

연초록 풋사랑

지난 여름 불붙는 땡볕에

발바닥까지 태우고도

아직도 태울 것이 남았을까

바라보는 헛헛한 가슴에

또 불이 붙는다

낙엽

붉고 곱게 물든 나뭇잎
한 시절 참 잘 살았나 보다
마지막에 저렇게
미련 없이 처연하기는
참 어려운 일인데
노랗고 붉은 것이 눈이 부시다

봄철 새순도 고왔고
꽃도 황홀했지만
몸 바꿔 떨어지는 낙엽은
생의 맛을 아는 것 같다

낙엽 · 2

남자가 마른 잎을 쓸고 있다
식어 말라버린 사랑의 흔적

풋풋한 첫 사랑도
한여름의 뜨거운 사랑도
마지막은 물기 없이 바스러지는 것

차라리 비닐봉지 속 감자처럼
꼭꼭 숨어 시퍼런 싹이나 틔우고
또다시
바람을 따라 가 볼 일이다

저승꽃·2

얼굴에 슬쩍 비치는

돌담 이끼 같은 세월의 흔적

저승에서 보내는 텔레파시

이승에서 미리 듣고 보는

상여놀이, 저승꽃

능소화·2

달도 희미하고 별도 없는
구름만 무심한 듯 흘러가는
열이틀 살 오른 달이
바람 따라 갑니다

멀리 불빛이 흔들립니다
마음속 바람도 일렁입니다

능소화 줄기 거센 바람에 몸살이 납니다
흔들리든 꽃송이 툭 떨어집니다

백로 아침에

어느 듯 매미 소리 잦아들고
귀뚜리 소리 풀잎 끝에 매달린다

바닷물 더 푸르고
나뭇잎들 색깔 옅어져
몸 바꿀 채비 한다

고추잠자리 뭉게구름 등 타고 내려와
나뭇가지 안고 맴돈다

저 멀리 강기슭 돌아온
이슬 머금은 바람 한 줄기

가을은 빛깔이다

어떤 모정

자식을 묻고 오는 길에
배가 고프더라고
누가 알까 배를 꼬집었다고
때 되면 잠 오고 화장실 가고 싶고
이것도 애미인가 가슴 치는 친구

억 만 겁으로 맺어진 인연도
이승 인연 끝나면
미련 없이 가는 것
부모 자식 두고 그 먼 강을 건너는
망자 걸음에 이정표는 있을까

세상에 견딜 수 없는 일이
자식 앞 세우는 것이라지만
인력으로 할 수 없는 일
눈물 고이는 세월의 덧없음에
몸서리 치는 모정

가을

여자는 각혈을 한다
그녀의 얼굴에 밭고랑이 보인다
깊은 고랑에 숨어든 눈빛

붉은 선혈처럼 열매는 익어가고
여자는 햇살의 그림자를 찾는다

구덩이에서 나온 흙의 속살
작은 웅덩이 하나 이고 오는
그녀를 닮은 여자가 낯설다

여자는 멀리 대숲에서 들리는
메마른 바람 소리를 낸다

빈 집

어머니 떠나시고
차마 치우지 못해
비워 둔 집

바람이 멋대로 드나들며
벽지가 제풀에 너덜거리고
문틀도 앓는 소리를 낸다

낡아 기울어진 기둥
어머니 입김으로 버텨낸 집

적막으로 가득하고
낙숫물 소리 겉돈다

3부

월정사

초열흘 달이
마당에 내려와
발자국 소리도 없이
탑돌이를 한다

탑은 하얀 물기둥이 되어
분수처럼 솟아오르고
소원을 품은 천 마리의 종이학
날개가 가볍다

달을 품는다는 월정사
대웅전 지붕 위에는
몸통 없는 어처구니가
하염없이 절 마당을 곁눈질 한다

어처구니 없는 세상에 눈썹 찌푸리는
구멍 뚫린 남루를
회오리 바람이 걸치고 있다

실상사 기와탑

며칠째 울던 문풍지가 어제 밤엔 조용하더니
소리 없이 함박눈이 내렸다
온 세상이 하얗다
온 세상이 깨끗하다

장승이 서 있는 길을 따라
일주문도 없이 천왕문을 지난다
아늑하고 편안한 보광당
차 세우고 몇 발자국이면 절 마당
어느 스님의 비질인지
흰 눈 가운데 가르마 길이 나 있다

마당 한 쪽 기와 무더기
쓰다 남은 조각들의 이야기가
층층이 모여 화엄탑을 쌓았다
햇살 속에 탑의 등뼈가 도드라져 보인다

망운사에서

뜨거운 여름을 살아온 시간
들판을 가득 채우고 욕심없이 편안하다

작은 버스에 실려간다
구름이 그리워 바라본다는 망운산
억겁의 미소가 절 마당에 가득하다

산이 좋아 산에 살다가
스님도 산이 되어 버렸다
도량에 서서 아랫마을을 내려다본다

아득하다
억새도 마주보며 흰머리 반짝이고
햇빛소리 바람소리 풍경소리 정답다

절집의 목어가 한가롭게 졸음에 빠져있다

반야사의 봄

영동 백화산 기슭에
천년 묵은 호랑이 한 마리 살고 있다
바위가 자갈돌이 되고
자갈돌은 흙무더기가 되더니
마침내 호랑이로 현신했다
호랑이는 일편단심
반야사 문수보살만 바라본다

태산 같은 바위 틈
물꼬 터지는 소리에 꽃잎 벙근다
봄은 가슴속에서 열아홉 살을 꿈꾸고
진달래도 부끄러운지 산기슭이 붉다

호수에 얼비치는 소나무 가지
바람이 불때마다
반야심경 읊조리는 소리를 낸다

소신공양

길 잃은 지렁이 하나
오뉴월 땡볕에 몸 말리고 있다
땅 밑 어두운 곳에도 천불나는 일 많아
어느 곳 헤매이다 여기까지 왔나

젖은 몸 꼬들하게 말라
알 수 없는 상형문자 같은
경전이 된 몸
어느새 개미 식구들 까맣게 달려든다

다시 돌아가기엔 너무 늦은,
미물들의
한 끼 밥

불 난 가게에 뛰어들어
할머니 구하고 화상 입은
얼굴 낯 선 외국인 노동자
돌아 갈 곳 어디쯤 일까나

대원사 지장보살

대원사 마당에는 고사리 손으로
부모 죄를 비는 빨간 두건의 동자상들 모여 있네
언젠가 내가 떠나보낸 그 영혼

이승과 저승사이 강이 흐르고
강가 모래밭에 부모와 인연 멀어진
태아령들이 울고 있다네
지장보살 은덕으로 삼도천 건너가는 어린 영혼들

눈부시게 피어나는 이팝나무 꽃
고봉밥으로 보이는 봄 날
미욱한 어미 마음으로
태아령 천도제에 바치고

지장보살
지장보살
지장보살

셋째 연에서 이팝나무꽃이 "고봉밥"으로 바쳐지는 어미의 마음이 압권이다.

눈부신 봄날의 수채화 한 장면이 시로서 격을 갖추는 데 일등 공신이 되었다.

– 문학 계간지《여기》2022년 겨울호에 발표한 글 p.277
시 감상 편에서 '주경림' 시인의 시평 한 줄

왕목탁

연지문에 매달린 커다란 왕목탁
머리로 쳐야 소리가 난다네
목탁 소리에 나쁜 기억 없어지고
미운 사람 용서하는 기도가 담겨있네
수양 부족 탓인지 -틱-소리 뿐

속이 허한 목어
비어있는 공의 울림
중생들에게 지혜와 에너지를 불어 넣어주는 소리들
공에는 실체가 없다는데
잠들지 않고 깨어있는 불성

속이 빈 목탁이 오늘의 화두다

허공을 가르는
반야바라밀다

폐사지

그곳에는 절도 없고 승도 없다
삼층탑만이 마주서서 외로움을 달랜다
탑은 갈라지고 삭아 내린다
대나무 숲 안에서 볕은 따뜻했다

바람이 겉돌고 있었다
금당이 있던 자리
죽어서도 나라를 지킨다는
용의 물길이 선연하다

탑 앞에서 바다를 바라본다
아득히 파도 소리에 묻히는 듯 하다
수중릉도 탑을 마주 본다
이승과 저승이 길 하나를 사이에 두고 있다

그곳에서는 바람도 말이 없다

삼릉

천년의 혼이 깃들어 있는
삼릉의 소나무들
무덤을 향해 읍하고 있다
이곳에선 바람도 조심스러운 듯
숨소리도 크게 내지 못 한다

오랜 세월 노송은 묵묵부답
모든 것을 지켜 보았다

안개 낀 아침이면
수십 마리의 용들이 승천을 기다리고
붉게 터지는
나무 등껍질 사이에서
쏟아지는 햇살도 시간을 멈춘다

아달라의 기침 소리 들린다

앙코르 와트

크메르의 미소를 간직한 관음보살님
화려한 문신을 온 몸에 입었다

보리수나무 뿌리는 사원을 꼭 껴안고 있다
자연과 인간의 구별이 없고
전생과 이생이 한 몸이 되어 살아가고 있다

누가 세상 밖으로
앙코르를 불러냈을까
옛날의 영화를 그리워 할 뿐

앙코르는 거기 있었다

모하비 사막·1

나르는 새의 깃털이 그리운 날이다

또 다른 개척지를 찾아 그들은 떠나고
오지 않는 새들을 기다리는
사막의 가슴을
수많은 전깃줄이 갈라 놓는다

끝이 보이지 않는
황량한 사막에서
문득 올려다 본 하늘
서부의 낮달이 눈물처럼 곱다

빗속의 시화전

비가 내린다
안개 낀 바다는 침묵속이다
모래를 밟고 비를 밟는 안개의 깃발이
찢어진다

무인도의 등대지기가 된 사내는
파도를 잠재우려 허둥댄다
성난 갈퀴처럼
섬의 깃발은 낯설다

천지 사방이 파도 소리다
물이 귀하다고 물을 아끼라는
팻말이 시화전에서 한자리 한다

어릴 적 안개 속에서
길을 잃고 헤매던 기억
시는 안개 속처럼 길이 멀다

비가 그친 바닷가
남자의 꽁지머리에 매달린 햇살이
시가 되어 펄럭인다

낚시터

그녀의 입에서 낚싯줄이 나온다
매장 앞을 무심히 지나가는 사람들
줄 없는 낚시 바늘은
감춰둔 레이저로 그들을 쏘아댄다

낚싯줄에 걸려 매장 안에 발을 들인 고객
제품의 장점을 요것 조것
당겼다 놓았다 낚싯줄을 조정한다
소리 없는 신경전이다

드디어 낚았다
황금색 지폐
꽉 다문 지갑을 열게 하는 것
강태공이 세월을 낚는 것 보다 힘든다

아침 바다

동이 튼 모래밭에
물새 한 마리
부르튼 발이 빨갛게 얼었다

파도가 흰 손으로
어루만지고 있다

어디서부터
걸어 왔을까

다시 돌아오는 파도
고개를 끄덕이는 물새

지나온 세상만큼
다시 가야한다

헛소문

게으른 소문은 제멋대로

경계를 늦추고 넘나든다

속수무책이다 온갖 소란 속에서

하얗게 질린 여름

멀대 같이 키만 키운다

한바탕 분탕질 친다

갑자기 쏟아지는 햇살이 낯설다

소문이 어지럽다

실없이 헛구역질만 해댄다

소리

이른 새벽 문풍지 떠는 소리
산이 내려오는 소리
하루의 기운이다

장 닭이 울면 시아버지도 새벽을 연다
잠이 많은 새각시는
장 닭을 팔아보려 수를 쓰지만
사람들은 암탉만 사 간다

닭의 목을 비틀어도 새벽은 온다
산의 기침 소리에
안개가 걷힌다

살다보니

아침마다 다른 일출이듯
노을도 볼 때마다 다르다

날마다 마시는 작설이지만
우릴 때마다 향도 맛도 다르다

어제 읽었던 시집이
왜 오늘 다른 감정으로 다가올까

앞만 보고 가다가
떠밀려 가다가

문득 돌아본 나의 길
길고도 먼 삶에
신발 한 짝 잃어버리기도 했다

저녁 호숫가에 앉으면 비수같은
독백이 가슴에 상처를 후빈다

봄바람·2

수액을 뽑는 드릴 소리에
소름 돋는다
나무들 속으로 삭이다
몸살이 났다
수피가 부르트고
열꽃이 핀다
몸의 것 다 내준 자리에는
새살이 돋는 대신
검버섯으로 치장한다
달무리가 진다
여우 울음소리에 정신이 든다
몇 날이 흘렀다

바람이 분다
초경을 치르고
젖몽오리 생긴다

* 고로쇠 수액 뽑는 것을 보고

주산지의 저녁

저물녘 호수 위로

산이 걸어가네

거꾸로 빠지지 않고

칼바람에 흔들리지도 않고,

시절이 수상하여

서늘하게 서서가네

물수제비에

무너지는 그 산

일몰

온 몸의 열기를 다 태우고

끝내는 보라색으로 물들어가는

하루해의 종소리를 듣는다

설익은 단어를 주워 올린다

속이 빈 바람이

입안에서 까끌거린다

바다는 날마다

아침 해를 빚는 작업을 한다

바다를 품고 가다

가슴에 바다를 안고 살다 간 남자
웃음소리 갈매기 날개처럼 펄럭이고
바다로 향한 그의 오감에선 파도 소리가 났다

시작보다 끝이 소중한 사람
어느 석학보다 어느 정치가보다
서민들의 가슴을 웃기고 울리고 간 사람

천수를 다 하고
아내와 아들을 만나러 도솔천을 건너는
그의 걸음에 소금 냄새를 품은
바람이 앞소리를 낸다

장맛비가 울음을 참는다

* 故 송해 선생의 마지막에 부쳐

4부

거미집

아무도 밟지 않는 새벽길
높고 아득하여
누구도 손 댈 수 없는
그대의 城

밤 새워 심장으로 짜는
그물
첫 손님될
나방의 날개를 기다리지

내일 밤에는
더 화려한 불꽃 속으로
들어가는 또 다른 날개들

그물 짜는 시간 속에서
잠시 얻어 보는 휴식
눈을 감은 거미의 눈알도 검다

이슬

산자락 한 뼘의 땅뙈기

우리 엄마 속마음 푸는 곳

신새벽 풀잎에 남아있는

푸른 사리

멀어지는 별 하나 꼬리 흐릴 때

안개에 젖는 흰 그림자

섬이 되고 싶다

큰 물줄기 따라가지 못하고
뒤쳐진 모래들은 작은 섬이 되었다

먹을 것이 풍족하다고
식만동이라 부르는 섬
노을이 질 때면 섬을 둘러 흐르는
알 수 없는 강물의 보랏빛 몸부림

초록보다 더 눈부신
마른 갈대의 서걱이는 흔들림
새들은 스스로 길을 만들며 나르고
둘레길을 걷고 있는 나는
섬이 되고 싶다

-사공아 배 건너 주소-
표지석만 우뚝한 나루터엔 전설만 아련하다

한번 흘러간 물은 돌아오지 않는다

전화번호

어머니께 안부 전화 드린다
묵히고 묵었어도 지울 수 없는 번호
새로 옮긴 집은 마음에 드시는지
꽃을 심을 마당은 있는지

몇 번이나 바꾼 전화기 따라
우리들의 번호는 여러번 들쑥날쑥했어도
어머니의 번호는 그날 그대로다
내 바뀐 번호를 모를까봐
먼저 전화 해 본다

-큰애야 잘 때 목에 얇은 수건 두르고
잠자리 따뜻하게 자거라-
불발 된 전화기 들고 다시 눌러 보는 번호
-지금 거신 번호는 없는 번호입니다-
가슴 서늘한 매마른 기계음

혹시나 지워 질까봐
얼른 닫아버리는 전화기
두드리고 두드려도 대답 없는 번호
야속한 미련만 남는 이 밤

거울

시간은 차곡차곡 여자의 얼굴에 쌓인다
파도는 이름표를 달고 해를 넘긴다

밀물에 밀려가는 얼굴들
동공 속에서 사라진 유년을 찾는다

도시의 아파트 입구에선
뻥튀기 아저씨가 날마다 뻥을 튀긴다

재개발

반쯤 부서진 판자 집에
몸 웅크리며 기댄다
더듬이를 세우며
점액질을 흘린다

번개불이 번쩍일 때
여우비 내리고
추첨 번호표는
지폐 속으로 들어갔다

주파수를 맞추고 싶은
달하나 찾는다
로또는 맨몸으로
나선을 그린다

밤의 해변에서

저 바위는
언제부터인지
바닷가에 잠든 고래다
세월이 지나고 고래는 하얗게
백골이 되어간다
파도는 삭아 고래의 갈비뼈 속으로
들락거리며 고래처럼 운다

네온은 비에도 젖지 않고
지지않는 별이 되어
밤바다의 전설을 만든다
시나브로 모래를 적시는 파도
바람은 밤이 되어도 집으로 가지 않고
비를 불러 온다

폭염 속 기다리던 비의 냄새
송진처럼 끈끈하다
여름 밤이 말없이 익어간다

우물

오래된 우물의 뚜껑을 열어 본다
깊은 잠에서 깨어나는 우물
눈부신 듯 잠깐 하늘을 본다

무심한 시간 동안
이끼는 파랗게 돌 틈에 집을 짓고
별도 달도 물속으로 가라앉았다
줄을 잡은 은하수
젖은 손으로 두레박을 열어 본다

꽃을 피우던 모란 한 그루
비틀거리며 물속에 한쪽 발을 담그고
일렁이는 물여울 따라
물 긷던 이야기를 듣고 있다

그날 바람속의 휘파람 소리
어두운 밤의 수상한 기척을 뿌리치고
숨죽이며 가슴을 진정시키던 우물가
우물 속에도 오래된 달이 있다

밀봉된 적바림을 보내듯
무겁게 뚜껑을 덮는다

지진

땅속 어디에서 깊은 어둠이 된
두 마리 공룡이 소리를 지른다
서로가 상대를 이기려고 요동을 친다

공룡싸움에 땅이 갈라지고
집도 사람도 덩달아 무너진다
눈동자는 밖의 눈치를 살핀다
엘리베이터는 바닥으로 추락하고
복도와 복도 사이
내장을 들어낸 폭발하는 굉음이 있다

찢어지고 깨어진 세상
나의 시도 산산조각이 난다

소록도

수많은 시간을 말없이 지켜본
두 눈이 서러운
어린 사슴

에돌아 흐르는 푸른 파도에
사무친 한숨을 삼켜 버린다

피붙이와 생이별하고
마음 헛헛한 눈물 바람

멀리 올려다 본 잿빛 하늘
서러움이
목울대에 걸린다

유행

눈썹을 그린다
무심한 세월에 옅어진 눈썹자리

한 시절은 미인도의 초승달 눈썹에
너도 나도 미인이 되었고

눈썹 중간쯤 각을 세워
그것이 자존심인양 나대기도 했었다

언제부터인가 문신이란 것이
눈썹에 푸른빛을 덧칠도 했었다

이제는
초승달도 높이 세우던 각도 문신도
아무 소용없다는 걸 알았다

그냥 생긴 대로 사는 것이 유행이다

소나기

구름은 형체도 없이 풍문을 지운다
천둥소린지 징소린지
한바탕 소나기 퍼붓는다

아무도 뒤통수 때리지 않았다
바람도 다리 뻗고 목놓아 울었다
기가 빠진 것인지 허탈하다
속이 후련하다

하늘도 기운이 없으면
울지 못한다는 것을 알았다
그날이 그날이면
가슴도 설레지 않는다

또 한 해

오늘이 어제가 되고
오늘이 내일도 되는
하루 하루의 굴렁쇠

한 해가 가는 날
바닷가 포장마차에서
나이를 마신다
바다도 취하고
하늘은 저만치 허공에 취한다

버려진 달력의 수만큼
잔을 비우자고 시작했지만
또 다시 나이가 들어앉는 잔
세상이 얼얼하다

후두둑 댓잎 떨어지는 소리
고향집 뒷밭이 보인다

전기선 또는 그날 그날

신새벽 눈 뜨자마자 핸드폰을
충전기에 연결한다

새파란 불이 반짝이는 포트에
찻물을 끓인다
전기밥솥에 밥을 안친다

청소기를 돌리고
스팀 열기로 바닥을 닦는다

태초부터 선으로 연결된 삶이다
어머니의 뱃속에서 탯줄로 이어지고
인연도 학연도 줄을 선다

선을 따라 움직이는
몇 번 노선의 버스
지름길에서 발을 구른다

달을 보다

보름달이 조금씩 야위어 가고
나의 사색도 메말라 간다

달이 영글며
바닷물은 부풀어 오르고
우주를 당기고 놓기를 거듭한다

달에게 끄달린 나는
얼굴에 윤기를 더하기도 하고
주름을 보태기도 한다

달을 쫓아가려고
눈에 핏발이 서고
글들도 밤을 세우기도 한다

장날

자갈치 사장엔 자갈은 없고
자갈보다 더 많은 사람들이
새벽부터 자갈 소리를 낸다
언제부터 살았는지 고래 한 마리
대교 밑을 지나다닌다

벼룩시장엔 흰 마당 가득
까만 벼룩들 톡톡 뛰어 다니며
새 소식 물어 나른다

모란장 가는 길엔
모란은 피었다 이미 졌고
잎들만 시퍼렇게
그림자 깔아 놓는다

순천 아랫장은
웃장 밑에 열린다
이레 이틀 진도장
두 귀가 쫑긋한 강아지들
뼈대있는 가문에 명패도 선명하다

아침나절에 후딱 섰다 사라지는
현풍 100년 도깨비장
수구레 국밥이 맛있다

남창장엔 창고는 없고
옹기들만 옹기종기 햇살에 한가롭다

반달을 보면서

호수가 보이는 방에 짐을 풀었다
밖을 내다보니
초여드레 반달이
호수 위에 떠있다
초승에 서서 달을 보면
한 달 내내 동동 거린다는데
이 달에는 좀 한가하려나

천만에 콩떡이다
며칠 전에 욕실에서 미끄러졌다
갈비뼈에 금이 갔다고
두어 달은 심하게 움직이지 말고
면벽참선 하라는 의사선생님 충고는
흐린 달빛으로 내려와
가슴에 머문다

그저께는 기다시피해서
배추 몇 포기 양념하고
친구들 불러 점심 먹고
오늘은 여행 한다고 설쳐 댔으니
역시 이달에도 바쁠 징조다

돌아누우면 숨이 막힌다
아픈 갈비뼈의 통증
몸뚱이만 고생이다

독일 병정

묵호항 덕장 명태 손질하는 어머니
굽은 등위에 40년 세월이 얹혀있네
일찍 떠난 남편 대신
삼남매 키우느라
동태가 황태 될 때까지
독일 병정*이 되었다네

바람 부는 밤이면 바람에 기대고
눈 오는 날이면 눈을 밟고
들짐승 보다 먼저 일어나
낙태 주워 다시 널고
동태가 묵호태가 될 때 까지
어머니의 일생도
얼었다 녹았다 진품이 되어간다

* 독하게 일 한다고 얻은 별명

기차는 가네

저물녘 바다는 반짝이는 비늘을 키우고
바다 옆을 지나는 기차의 꼬리는
날선 비늘을 데리고 가네

하루의 일과를 마친 해는
바다 속으로 서서히 가라앉으며
보라색 한숨을 토해 내고 있네

물기 마른 거미줄에
바람이 앉았다 가네